新疆ウイグル自治区成立６０周年祝賀

新疆
世界文化遺産図鑑

小島康誉　王衛東　主編

本田朋子　訳

日本僑報社
新疆美术摄影出版社

Introduction of the Photo Collection

In a Spirit of Conserving the World Cultural Heritages by All

On October 1, 2015, the Xinjiang Uyghur Autonomous Regions, China, marked the 60th anniversary of its establishment. As part of celebrating the anniversary, the original version of the collection was published and presented to the relevant divisions. The impressive pictures shown in the collection have been so enormously well-received that a Japanese-language version was decided to be launched in accordance with a strong request by many people to see them described in Japanese, as well.

In order to have people understand how our antiquities conservation projects in Xinjiang have been supported and highly evaluated by the Government of Xinjiang, pictures such as showing its leaders attending the presentation ceremony of fund to help conserve the Kizil grottoes and others were also included.

On June 22, 2014, the 38th UNESCO World Heritage Committee taken place in Doha, Qatar, officially designated Silk Roads: the Routes Network of Chang'an — Tianshan Corridor as a World Cultural Heritage site. China, Kazakhstan, and Kyrgyzstan had jointly applied for this designation, which covers 33 ruins, including 22 in China, eight in Kazakhstan, and three in Kyrgyzstan. In Xinjiang, six ruins were designated, such as the Kizil grottoes, the ancient cities of Subashi, JiaoRiver, Gaochang, and Beiting, and the Kizilgaha Beacon.

This accomplishment would have never been achieved without long and solid efforts made by a number of people. It is all our responsibilities to hand common cultural heritages of mankind to future generations. Let's work hard together.

书刊介绍——保护世界遗产需要众人齐心协力

2015 年 10 月 1 日，是中国新疆维吾尔自治区成立第 60 周年纪念日。作为 60 周年纪念贺礼，《新疆世界文化遗产图典》中文版顺利发行，并被无偿赠与各相关部门。这部颇具冲击力的写真集一经发行便广受好评，为回应众多读者想要阅读日文版的呼声，日本侨报出版社决定刊行该书日译版。

编辑过程中，为了体现新疆政府对新疆文物保护事业的大力支持与关注，日文版在原作的基础上又增添了新疆领导出席克孜尔千佛洞修复保存资金捐赠仪式等活动的纪念照片。

2014 年 6 月，曾作为连接中国与欧洲历史交易路线的丝绸之路遗址群"长安——天山廊道的路网"项目中所涉及到的 6 处新疆遗产，成功列入联合国教科文组织（UNESCO）《世界遗产名录》，成为新疆首批世界文化遗产。这一项目由中国、哈萨克斯坦、吉尔吉斯斯坦三国联合申报。其中中国境内有 22 处考古遗址、古建筑等遗迹，哈萨克斯坦境内有 8 处遗迹，吉尔吉斯斯坦境内有 3 处遗迹，三国合计 33 处。新疆维吾尔自治区境内涉及到的 6 处遗迹，分别是克孜尔千佛洞、苏巴什佛寺遗址、克孜尔尕哈烽燧、交河故城、高昌故城、北庭故城遗址。

此次申遗成功，是诸多相关人士多年来共同努力的结果。将人类共同的文化遗产传播后世，是全世界人民都应当担负的责任，我们仍需再接再励。

祝賀
新疆ウイグル自治区成立60周年

1955−2015

日本語版 序

日本僑報社編集長　段躍中

　中国新疆ウイグル自治区成立 60 周年の節目の年となった 2015 年、これを記念して、新疆がほこる世界遺産を紹介するオールカラーの写真集『新疆世界文化遺産図鑑』が、昨年 9 月に新疆美術撮影出版社（于文勝社長）より刊行された。

　同自治区文物局の王衛東局長とともに編集主幹を務められたのが、日本の浄土宗僧侶で、新疆ウイグル自治区政府文化顧問として同地の文化に精通されている小島康誉先生だ。楊新才元新疆日報高級記者が実質編集にあたった。日中両国で評判をよび、日本語で読みたいとの要望が多くよせられた。本書は、その待望の日本語版である。

　かつて中国と欧州を結んだ歴史的な交易路シルクロードの遺跡群は 2014 年 6 月、「シルクロード：長安－天山回廊の交易路網」として国連教育科学文化機関（ユネスコ）の世界文化遺産に登録された。

　中国とカザフスタン、キルギスの 3 カ国が共同申請していたもので、内訳は中国内 22 カ所、カザフスタン内 8 カ所、キルギス内 3 カ所の合計 33 遺跡である。関連するシルクロードは約 8,700km に上るという。新疆ウイグル自治区内では、キジル千仏洞、スバシ故城、クズルガハ烽火台、交河故城、高昌故城、北庭故城の 6 遺跡がこの世界遺産に含まれた。

　本書は、この 6 遺跡をオールカラーの写真資料集として紹介するものである。中国の四大石窟寺院の一つ、キジル千仏洞の「世界有数」といわれる壁画の生き生きとした美しさ、また、かつて（紀元前 1 世紀～ 14 世紀）の高昌国の王城、高昌故城の現存する建築遺構の壮大さなど、遺跡の今をさまざまにとらえたカラー写真と解説は迫力がある。

　それに加え、本書には 1982 年に初めて新疆を訪れて以来、同地に残る貴重な文化にひかれ、その文化遺産の研究や保護などのために多大な貢献を果たされてきた小島先生の足跡が「小島精神と新疆文化財の保護研究」と題して中国側により付録として詳しくまとめられている。

　新疆ウイグル自治区の世界遺産と、小島先生らによる文化財保護の現状が写真資料でわかる、見ごたえのある 1 冊となっているのだ。

　本書主編の小島康誉先生は、このような新疆との文化交流を 30 余年、一貫して続けてこられた。以前、中国の毛沢東主席は、こう述べたことがある。「一人の人間が一回良いことをするのは難しくない。難しいのは一生続けることだ」と。小島先生がこれまで長年にわたり、新疆の発展のために貢献され、尽力されてきたことは、まさに毛主席の言葉を体現するものである。しかし、日本では先生の国際貢献はそれほど知られていないようだ。

　そこで小社からはこれまでに、私が企画監修した先生の著書『迷路悟道』（『念仏の道ヨチヨチと』の中国語版、趙新利・訳）のほか、関連書籍として『大きな愛に境界はない―小島精神と新疆 30 年』

（韓子勇・編、趙新利・訳）などを刊行してきた。いずれも先生の人生観をわかりやすい文章と写真などで示したもので、日本と中国の多くの読者から好評を得た。

　小島先生は、中国で高い評価を受けている有名な「日中友好の使者」であり、「新疆人民の老朋友（古くからの友人）」であり、私が心から尊敬し憧れている実践家である。この 30 余年、新疆訪問はのべ 140 回余りを数え、同地の文化遺産の研究や保護、教育、貧困地区への支援などのために多大な貢献を果たされてきたばかりか、その支援を拡大されている。

　まさに昨今の日中関係をよりー層改善するためには、言葉や理論だけでなく、小島先生のような友好の使者・実践家が求められていると考える。先生と十数年にわたり親交を深めさせていただいている私自身、それを実感し確信しているのである。

　小島先生の著書・編著の数々からは「大きな愛に境界はない」という、その類まれな博愛・寛容・奉仕の精神に裏付けられた「小島精神」を大いに感じていただくことができるだろう。このたびの『新疆世界文化遺産図鑑』を通じて、小島精神にぜひ触れていただきたい。そしてその地道で積極果敢な行動を、マスコミや一般の読者の皆様にも広く知っていただきたいと願っている。

　なお本書の翻訳は、知られざる新疆の魅力を満載した中国ベストセラーのイラスト・エッセイ『新疆物語―絵本でめぐるシルクロード』（王麒誠・著、小社刊）の訳者、本田朋子さん（日中翻訳学院修了生）に担当していただいた。神秘の土地、新疆に関心のある皆様に、併せて手に取っていただければ幸いである。

　日本語版出版にあたっては、デザインなどは原本と同一とし、原本のミスプリなどを修正し、必要に応じて訳注をつけた。また新疆の文化財保護事業などが、新疆政府から支持され高く評価されていることを理解いただくために、キジル千仏洞修復保存資金贈呈式など新疆首脳列席写真も掲載した。

序

新疆ウイグル自治区政府文化顧問　小島康誉

　2015年は私の第二の故郷である新疆ウイグル自治区成立60周年の喜ばしい年である。新疆各民族の親友として熱烈にお祝いする。この新疆の世界文化遺産を紹介する写真集は、我々の祝賀の一部である。60歳は成熟し「耳順」とも称される、新疆も「耳順」となり、成熟発展段階へ入り良いことが多々ある。

　2013年9月、中国の習近平主席はカザフスタンで「シルクロード経済帯」構想を提唱した。2014年6月22日、カタールドーハで開催されていた第38回世界遺産委員会は新疆のキジル千仏洞・スバシ故城・クズルガハ烽火台・交河故城・高昌故城・北庭故城をふくむ「シルクロード：長安－天山回廊の交易路網」を世界文化遺産と決定した。

　私は委員会の生中継を寓居のパソコンで観つづけていた。議長が決定を宣言した瞬間、「万歳！」と叫んだ。1986年以来、キジル千仏洞の修復保存に協力してきたからである。夢が実現した感動の一瞬であった。このようなことは世界でも稀であろう。

　二千年前、中国長安から西に延びた道は東西を結ぶ主要ルートとなった。ラクダが往来したシルクロードは沿線各国を結び、各民族は融合し共栄し、多彩な輝かしい文明文化の動脈となった。今、中国は「協力し発展、共同で繁栄」精神に着目し、古のシルクロード各国が「シルクロード経済帯・海上シルクロード」をともに築こうという構想を打出した。過去に繁栄したシルクロードの新たな発展の実現を目指すものである。

　中国共産党中央政治局委員で新疆ウイグル自治区党委員会書記の張春賢氏は「シルクロード経済帯の共同建設は新疆にとって重要な歴史的チャンスである。新疆はシルクロード経済帯の核心区・橋頭堡であり、必ず実現するシルクロード経済帯の利益を最も受ける地域のひとつである」と言明している。私は第二の故郷が「シルクロード経済帯」建設によりさらに発展繁栄するとかたく信じている。

　シルクロードは経済の道であるばかりでなく、文化の道でもある。千数百年間、東西の文明文化が行きかい、交易が行われ、世界経済文化の重要ルートであった。同時に有名な観光ルートでもあり、日本でも人気がある。世界遺産決定はその知名度をいっそう高め、新シルクロード観光ブームが再び起こると思われる。「新疆の世界文化遺産を参観しよう」がブームとなり、新疆の文化財・旅行事業の発展に大きな影響を及ぼすであろう。

　1982年以来、私は140回以上、新疆を訪問し、文化遺産保護研究や民生向上事業を微力実践してきた。各民族の人々の大きな支持と協力のおかげであり、心からの感謝を改めて表する。「シルクロード経済帯」を築くことは共同責任であり、私は新疆ウイグル自治区政府文化顧問・ウルムチ市名誉市民としてさらに尽力したい。張春賢書記の「何かを変えるには努力しなければならない。努力しなければ何も変わらない」を私も信じている。「シルクロード経済帯」建設の大業は必ず一歩ずつ実現するであろう。

　第二の故郷の更なる繁栄を！

序

新疆ウイグル自治区文物局局長　王衛東

　1972年、国連教育科学文化機関（ユネスコ）において、「世界の文化遺産及び自然遺産の保護に関する条約」が採択された。世界的に顕著な普遍的価値を有する文化及び自然を「世界遺産リスト」に登録するもので、中国は1985年に世界遺産条約の締結国となり、その義務と責任を履行することを約束した。

　そして2014年6月22日、カタールの首都ドーハで開催されていた第38回世界遺産委員会で、中華人民共和国、カザフスタン共和国、キルギス共和国が共同申請した「シルクロード：長安―天山回廊の交易路網」が世界文化遺産に登録された。中国新疆ウイグル自治区の以下6遺跡、キジル千仏洞、スバシ故城、クズルガハ烽火台、交河故城、高昌故城、北庭故城は、申請項目の重要な構成部分として世界遺産リストに登録され、新疆初の世界文化遺産となった。1988年にユネスコが「シルクロード・対話の道総合調査」を発足させてから、2014年の第38回世界遺産委員会で「シルクロード：長安―天山回廊の交易路網」の登録が成功するまで、新疆シルクロードは長く険しい道のりを歩んできた。

　新疆の6遺跡が「世界遺産リスト」に含まれたことは、文化界にとって大きな出来事であった。そこで、新疆ウイグル自治区成立60周年に際し、新疆ウイグル自治区人民政府文化顧問であり、日本の友人である小島康誉先生が個人出資し、自治区文化財部門と協力してこの写真集を出版された。新疆の6遺跡が世界文化遺産になった後に初めて世に出る写真集である。そして、写真集と絵葉書セットはすべて自治区成立60周年のお祝いとして関係部門に贈られた。新疆文化財事業のため善事をなされた小島康誉先生に、ここで改めて心より感謝を申し上げる。

　シルクロードは東西貿易、文化の交差点であり、紀元前2世紀から16世紀のユーラシア大陸の社会、経済、文化の発展交流の立会人、そして長距離貿易が都市発展を促進した模範であり、張騫の西域派遣など重大な歴史に直接関わり、古代中国や中央アジア地域における仏教、マニ教、ゾロアスター教、景教などの宗教伝播に深く影響を与え、二千年来、人類の繁栄に大きく貢献をしてきた。「シルクロード：長安―天山回廊の交易路網」の登録により、沿線の国や地域の文化遺産保護の水準はさらに向上し、文化財とその環境に対する各民族の保護意識も高まり、世界でも著名なこの文化遺産はさらに適切に保護され、伝承、発展するであろう。また、中国、カザフスタン、キルギスなどすべてのシルクロード沿線国家間における文化交流をさらに深めていくことで、友好往来が活発になり、古のシルクロードは再び活力を取り戻すことであろう。

　世界文化遺産への申請は、複雑で系統的な文化遺産の保護活動である。新疆ウイグル自治区共産党委員会と政府による高い意識とリーダーシップのもと、6遺跡所在地に専門の管理機構が設置された。そして関係法規と計画が制定され、積極的に文化財の保護、環境整備、展示、モニタリングが行われた。今回の登録により、遺跡所在地の観光業の発展、現地の経済協調発展の積極的な促進、社会主義核心的価値観の発揚、民族の自尊心・自信・帰属感の向上、シルクロード経済帯の開発建設と新疆の社会的安定・長期的安定への重要な貢献など、文化遺産の波及効果がもたらされることであろう。

　中国政府は「中華人民共和国文物保護法」に基づき、シルクロードの遺跡保護に引き続き最善を尽くし、各ステークホルダーとともに今後も管理を行い、古のシルクロードの活気を永遠に絶やさぬよう努めてゆく。

世界文化遺産に登録された
「シルクロード：長安―天山回廊の交易路網」

　2014年6月22日、カタールの首都ドーハで開催されていた第38回世界遺産委員会で、中華人民共和国、カザフスタン共和国、キルギス共和国が共同申請していた「シルクロード：長安―天山回廊の交易路網」が世界文化遺産に登録された。これにより、新疆ウイグル自治区のキジル千仏洞、スバシ故城、クズルガハ烽火台、交河故城、高昌故城、北庭故城の6遺跡が新疆で初めての世界文化遺産となった。

　「シルクロード：長安―天山回廊の交易路網」は、シルクロードの東部分に点在する特徴的な遺跡から構成されている。顕著な普遍的価値を持つ、国境を越えた文化ルートの遺跡であり、紀元前2世紀から16世紀にかけ、東アジア文明の中心「中原地域」と中央アジア文明の中心「セミレチエ地域」をつないだシルクロードの一部分である。絹の貿易のため古代ユーラシア大陸に開かれた長距離貿易と文化交流の大動脈であり、東西の文明・文化の融合、交流・対話の道となった。中国の長安・洛陽から中央アジアを経て西に向かい、地中海地域に至り、南に向かっては南アジア大陸に伸び南北約3,000kmの範囲に及び、世界の歴史から見ても交流内容が最も豊富で、交通規模が最大の文化ルートであり、中国国内の黄河中流域、河西回廊、天山南北の3つの地域に通じている。

　1988年、国連教育科学文化機関（ユネスコ）は「シルクロード・対話の道総合調査」を発足させた。1993年、新疆ウイグル自治区の交河故城を単独で申請したが、当時は条件に制限があり登録には至らなかった。2006年8月、中国と中央アジア5カ国が新疆ウイグル自治区のトルファン市で国際会議を開催し、「シルクロードの国境を超えた世界遺産共同申請に関するトルファン行動計画」が採択され、正式に世界文化遺産への申請活動が始まった。2012年、中国、カザフスタン、キルギスの3カ国はシルクロードの世界文化遺産登録へのスケジュールを確定した。新疆が初めて申請リストに登録した各遺跡は、国の世界文化遺産登録申請計画に基づき申請が完了し、2013年10月、世界遺産委員会により新疆の6遺跡の現地視察、審査がなされた。そして2014年6月22日、第38回世界遺産委員会で「シルクロード：長安―天山回廊の交易路網」が世界文化遺産に登録された。登録までは決して平坦な道のりではなかったのである。

　中国、カザフスタン、キルギス3カ国が申請した遺跡に関連する道路網の長さは総延長約8,700km、総面積は426.6816km²、周辺地帯は1899.6313km²で、33

カ所の遺跡を含む。そのうち中国は考古遺跡、古代建築など22カ所の遺跡（河南省4カ所、陝西省7カ所、甘粛省5カ所、新疆ウイグル自治区6カ所）、カザフスタンは8カ所、キルギスは3カ所である。新疆の6カ所の遺跡の総面積は42,780ヘクタール、周辺地帯は753,000ヘクタールである。複数国での共同申請は時間がかかり調整が難しく、前例のない画期的なプロジェクトとなった。

　世界遺産委員会はシルクロードについて、東西世界の融合、交流、対話のルートであり、二千年近くもの間、人類の共存繁栄のために重要な貢献をしてきた、と評価した。このたび登録された「シルクロード」は、その交通や交流の体系に下記のような特徴がある。紀元前2世紀に形成され、6～14世紀に繁栄し、そのまま16世紀まで使われ、現在の中国、カザフスタン、キルギスに広がっていた。紀元前2世紀から16世紀の経済、文化、社会発展の東西交流、特に遊牧と定住文明間の交流を示している。長距離貿易による大型都市の発展促進や、交通貿易を支える水利システムの面で優れたモデルである。張騫の西域派遣などの重大な歴史に直接関わり、古代中国と中央アジア地域における仏教、マニ教、ゾロアスター教などの宗教と都市計画思想などの伝播に多大な影響を与えている。

　中国共産党第18回全国代表大会以来、中国はシルクロード経済帯の建設戦略をスタートさせた。その重要な役割として、新疆の戦略上の立地と豊富な資源に光が当たることになった。今回の世界文化遺産登録決定は、シルクロード経済帯建設戦略にとって重要な一歩である。これを契機に、文化遺産の波及効果で国民生活に文化的豊かさがもたらされる。各民族の人々が世界遺産の恩恵を受け、民族の自尊心、自信、社会的帰属感が高まり、新疆の社会安定と経済発展およびシルクロード経済帯建設にとって大きな貢献となる。また、世界遺産に登録されたことで、シルクロード経済帯は世界から注目を集めることは間違いなく、その沿線への関心も高まり、新疆のシルクロード経済帯建設のプロセスは大きく前進するであろう。

　世界文化遺産への申請は、系統的な文化遺産の保護活動である。ユネスコと中国国家文物局の推進と指導のもと、各級地方政府と文化財主管部門が申請要件に応じて保全条例と計画の制定、発布を行い、保護管理機構を設置し、文化財保護、環境整備、展示、モニタリングが行われる。今回の申請を通じ、文化財関連の環境は大幅に改善され、地元の人々にとって文化的な環境がもたらされた。中国人民の民族の自尊心、自信と誇りが高まり、文化遺産保護は社会主義の核心的価値観に重要な役割を果たした。また、遺跡所在地の観光業発展、社会の持続可能な協調発展促進のため、文化遺産の保護は人々に恩恵を与え社会に貢献し、さらに大きな役割を果たしている。「シルクロード」の世界文化遺産登録、それは古代のシルクロードに新たな活力を呼び戻し、シルクロード経済帯の建設、各民族の団結、共同繁栄という永遠のテーマにとって十分重要な意義を持つものである。

新疆世界文化遺産図鑑

○ 遺跡の概況 ○

　キジル千仏洞は3〜9世紀に造営され、新疆ウイグル自治区拝城県のキジル郷から東南に70km（訳注：クチャからは西方約70km）、ムザルト河の北岸、ミンウダク山の岩壁上に位置している。西域で最も古く、規模が最大で、石窟の種類も豊富で、大きな影響力を持つ石窟寺院遺跡である。キジル千仏洞は亀茲石窟を代表する石窟で、仏教の石窟寺院がインドから中国に伝わった後、地理的に最も西側に作られた石窟群であり、インド、中央アジア、中原北方の仏教芸術から大きく影響を受けている。独特な石窟の構造と壁画の風格は、仏教が西域を経由し東へ伝わった軌跡や、伝播の過程で形成された本土化の様子、即ち亀茲の風格の形成を示している。シルクロードの最も重要な仏教遺跡のひとつであり、1961年、中国国務院より第1次全国重点文物保護単位に指定された。

1
2

1．新1窟 後室 飛天
2．谷西区

新疆世界文化遺産図鑑

　石窟はミンウダク山の断崖上に穿かれ、東西約3kmに広がり、谷西区、谷内区、谷東区、後山区の4つのエリアに別れている。1953年に番号がつけられた石窟は235カ所、1973年に新たに1カ所が発見され、新1窟の番号がつけられた。1989年と1990年、谷西区の修復中に洞窟群が発掘整理され、現在349窟が登録されている。キジル千仏洞の形態は様々である。僧房窟は仏教の修行に使われ、数は全窟の3分の2を占め各区に分布し、キジル千仏洞が亀茲仏教の聖地だったことがわかる。礼拝に使われる中心柱窟と大像窟に塑像と壁画が多く見られる。説教に使われた方形窟は数が少ないが、布教の場所として重要な地位を占めていた。

　キジル千仏洞は亀茲石窟の中でも規模が最大、最古で、保存された壁画の面積が最大の石窟群であり、典型的な亀茲石窟である。キジル千仏洞の壁画は内容豊富で、面積は約1万㎡、主に釈迦牟尼の本生、因縁、仏伝の物語及び弥勒の兜率天の説法などが描かれている。本生物語と因縁物語はおよそ100種類、仏伝物語は60種類あり、「物語絵の海」との呼び声が高い。天相図、天宮伎楽図、飛天図、供養者図も異彩を放っている。キジル千仏洞の壁画は主に「仏は釈迦のみ」という上座部仏教の思想を反映し、後期には「千仏」などの大乗仏教の内容も現れた。窟内にはブラーフミー文字、漢字、突厥文字、回鶻文字、チャガタイ文字など何種類もの古代文字による題記が残され、シルクロード沿線の各地域からもたらされた文献、貨幣、織物、ガラス器、金属器、顔料、仏経、木彫、陶祖など多くの文物も保存されている。

　19世紀末〜20世紀初頭、西洋の探検隊の大規模な発掘と盗掘により、多くの貴重な壁画は海外に流出した。

紅山石林

● キジル千仏洞 ●

谷東区

○ キジル千仏洞 ○

○ 歴史と沿革 ○

キジル千仏洞は3世紀末から造営が開始された。
8〜9世紀に衰退し、次第に放棄された。

1 2

1. キジル千仏洞壁画
2. 第17窟 主室窟頂 釈尊が自らの手を燃やし、道を照らす本生物語

○ 突出した普遍的価値 ○

　亀茲石窟があった亀茲国は、シルクロードの天山南路中部の要衝に位置する古代西域の大国で、東西の貿易と文明を結び、世界経済、文化史上で重要な位置を占めていた。古代インドのガンダーラ、亀茲、吐蕃、中原文明の大量の文化遺産がここに保存されている。これら亀茲石窟の文化芸術の研究や発掘は、中央アジア、西アジアおよび東アジアの古代文化の源流の研究に重要な意義がある。
　キジル千仏洞は典型的な亀茲石窟であり、初期の壁画を有する石窟と大像窟の数はバーミヤンを上回り、敦煌の莫高窟よりも少なくとも

● キジル千仏洞 ●

約100年前のものである。キジル千仏洞は中心柱窟、大像窟、僧房窟、修行窟、仏龕窟、講堂窟など、すべての種類が残されており、中国の石窟寺院の中で最も整っている仏教石窟寺院の遺跡である。壁画のテーマは豊富で、ギリシャ的なガンダーラ芸術、インド本土の風格のマトゥラー美術が融合し、現地の伝統文化をベースに外的要素を吸収して徐々に発展し、地方色あふれる亀茲石窟の芸術様式を形成している。そして中原の音楽や舞踏芸術の発展にも大きな影響を与え、ブラーフミー文字、漢字、回鶻文字、突厥文字、チャガタイ文字などの古代文字も保存されている。

キジル千仏洞は中国の最も西に位置し、最も古い大型の石窟群である。世界の仏教芸術圏でも際立った存在であり、世界文化遺産の重要な構成部分となっている。中国における古代仏教芸術の形成、発展、伝播、変遷の形跡を明瞭に残しており、中国の仏教史、美術史、美学理論や亀茲国の社会、歴史、経済などの研究に特別な価値を持っている。

第38窟 後廊奥壁 涅槃図

新疆世界文化遺産図鑑

1 2

1. 第 38 窟 主室窟頂 猿王が身を挺して猿たちを救った本生物語
2. 第 38 窟 主室窟頂全景 天相図

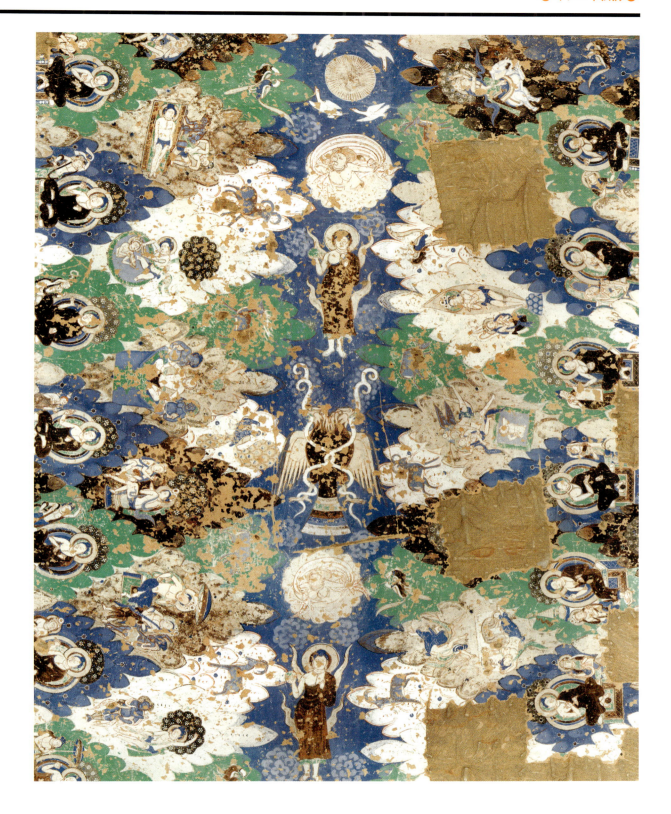

1	2
3	4

1. 第38窟 主室窟頂 大光明王本生物語
2. 第196窟 主室窟頂 四蛇喩
3. 第38窟 主室右壁上部 伎楽天
4. 第77窟 右廊窟頂 舞帛人

新疆世界文化遺産図鑑

1. 新1窟 後廊奥壁 涅槃像
2. 第189窟 主室窟頂 千仏
3. 第205窟 主室前壁 亀茲国王トッティカと王妃

キジル千仏洞

027
新疆世界文化遺産

○ 遺跡の保護 ○

1928年 中瑞西北科学考察団がキジル千仏洞を調査、石窟に編号を実施。
1931年 中瑞西北科学考察団の歴史考古グループがキジル千仏洞を調査。
1952年 政府派遣専門家が石窟の保護活動にあたる。
1956年 拝城県キジル千仏洞文物保管所が設立される。
1957年 キジル千仏洞が自治区級文物保護単位に指定される。
1961年 国務院により第1次全国重点文物保護単位に指定される。
1985年 新疆亀茲石窟研究所がキジル千仏洞に設立され、亀茲石窟の日常的な保護、管理、研究にあたる。

1986～2002年 キジル千仏洞の谷西区、谷東区、谷内区、後山区で修復保存工事が行われる。その間、日本友人であり新疆ウイグル自治区人民政府文化顧問の小島康誉氏が日本で「日中友好キジル千仏洞修復保存協力会」を発足させ、キジル千仏洞の修復と保護に貢献。
1999年 新疆ウイグル自治区が「新疆ウイグル自治区キジル千仏洞歴史文化遺産保護管理弁法」を発布。
2004年 キジル千仏洞のインフラ整備建設プロジェクトを実施。
2007年 キジル千仏洞の安全技術防備システム工事が始まる。

2009年　新疆亀茲研究院が成立、傘下にキジル千仏洞文物保護所を設立。

2007年、2012年
　　　　キジル千仏洞が「シルクロード」の遺産のひとつとして、中国世界文化遺産暫定リストに登録される。

2011～2012年
　　　　キジル千仏洞の谷内区、ウイガン（渭干）河護岸工事が行われる。

2013年　国家文物局の批准、新疆ウイグル自治区人民政府の公布を経て「キジル千仏洞管理計画」を実施。

2014年　国家文物局の批准、新疆ウイグル自治区人民政府の公布を経て「キジル千仏洞保護総体計画」を実施。

2014年6月　第38回世界遺産委員会において、「シルクロード：長安―天山回廊の交易路網」が世界文化遺産に登録される。

1	2
	3

1. 菩薩像頭部（ドイツに流出）
2. 立仏像の一部
3. 人首象身泥塑（ドイツに流出）

スバシ故城
ANCIENT CITIES of SUBASHI

新疆世界文化遺産図鑑

○ 遺跡の概況 ○

　スバシ故城は新疆ウイグル自治区のクチャから東北に23km、クチャ川（銅廠河）東西両岸の台地上に位置する。仏教寺院の建設は3世紀に始まり、10世紀後に次第に放棄された。現在まで西域地区に残る、最大規模で保存状態も良好な悠久の歴史を持つ仏教建築群遺跡である。1996年、国務院より第4次全国重点文物保護単位に指定された。

　スバシ故城は普唐時代、亀茲地域の仏教文化の中心だった。唐の玄奘が『大唐西域記』にアーシュチャリア寺（昭怙厘大寺）と記している。北魏の酈道元（れきどうげん）の『水経注』には「雀離大寺」、『梁高僧伝』第2巻『鳩摩羅什伝』には「雀梨大寺」と称され、サンスクリット語では「雀離」「雀黎」「昭怙厘」と呼ばれる。「スバシ」はウイグル語で「水源」の意味がある。遺跡はクチャ川の東西の台地上に分かれて分布している。遺跡には仏塔、寺院、洞窟、殿堂、僧房などの建築物があり、保存状態は良好である。

●スバシ故城●

河西遺跡：西寺とも称される。遺跡は南北全長685m、東西幅170m。遺跡内には土煉瓦を積み重ねてできた3基の仏塔がある。北塔は川底に面し、高さは約13m、基礎部と塔身はほぼ正方形で、基礎部の一辺の長さは27m、塔身は3層で上に向かって細くなり、最上層の1辺は5mで、南北両側に石窟が開かれている。南塔の高さは11.1m、土煉瓦でできている。塔身は正方形で、基礎部の1辺の長さは16m。中央の仏塔の高さは約13.2m、平面は長方形をしており、基礎部の長さは約35m、幅24m。塔の基礎部は斜面の階段に立っており、長さは12m、幅3m。塔身の内側は殿堂で、前面はすでに崩壊している。主殿へ続く通路があり、円形アーチ型の門を形作っている。主殿の後壁には大型の立仏像がウイグルの風格で描かれている。河西遺跡の南端には仏寺建築があり、中央の大殿と東側の仏塔を中心として、周囲に仏殿と僧房が修築されている。

西寺中央部の仏塔

河東遺跡：南北全長約 535 m、東西幅 146 m。土煉瓦で作られた 3 基の仏塔が現存している。北塔は高地帯にあり、高さ 8.6 m。中央の仏塔は 9.2 m、南塔は 9.4 m 残されている。遺跡の南端に 1 列の建築物が残っており、その中の 1 基の仏塔は保存状態が良く、基礎部は正方形、塔身は円筒形をしており、覆鉢式の屋根がある。

出土品：舎利容器、絹織物、古銭、陶器、銅器、鉄器、木器、木簡、紙文書、壁画残片、石彫仏像、泥塑などが出土している。1903年、日本の大谷探検隊によりスバシ故城から発掘された木製の舎利容器には21人の楽人舞人が描かれており、その様子は亀茲国社会の実生活を映し出している。研究によると、この楽舞図は古代西域で流行した歌舞劇『蘇幕遮(そまくしゃ)』の一場面を表現していると言われており、西域芸術の研究にとって貴重な資料となっている。

|1|2|
| |3|

1. 舎利容器（日本に流出）
2. 舎利容器（フランスに流出）
3. 木彫龍頭

スバシ故城

②

③

○ 歴史と沿革 ○

スバシ故城は紀元前3世紀に建設が始まり、10世紀に放棄された。

○ 突出した普遍的価値 ○

　スバシ故城は初期の亀茲仏教の中心だった。遺跡内の仏殿と石窟の中には美しい壁画や彫像がそのまま残されている。「仏像の装飾はほとんど人工を超える」と言われるほどの優れた職人技で、その芸術には典型的な亀茲の風格がある。西寺仏塔の後方では頭部が平らな人骨が出土した。子供が生まれたら頭部を木で押すという亀茲人の習俗が『大唐西域記』に記されており、完全に一致している。仏寺遺跡や出土した貴重な文物は亀茲の歴史、民族、仏教とその芸術の研究にとって貴重な資料となっている。

　スバシ故城は3～10世紀の古代亀茲地区の代表的な大型仏寺遺跡群で、仏殿、仏塔、僧房、仏窟などの豊富な種類の遺跡が残されており、比較的状態が良く、周辺環境と調和している。19世紀末、20世紀初頭に西洋の考古探検隊が持ち去った大量の壁画や文物と、近年来出土している各種文物は、この遺跡が古代亀茲国の仏教伝播の中心だった歴史をありのままに伝えている。スバシ故城の豊富な文化模様は古代亀茲仏教文化の歴史の証であり、西域の歴史、宗教、文化、芸術、東西交易史、中央アジア文明史において極めて重要な意義を持っている。

1. 「2頭のラクダ」
2. 河東遺跡仏塔

● スバシ故城 ●

○ 遺跡の保護 ○

1928年　北京大学教授黄文弼氏が考古調査を実施。
1957年　自治区級文物保護単位に指定される。
1958年　黄文弼氏が再び仏寺の一部遺構を発掘。西寺仏寺の平面構造が明らかになり、あわせて貴重な文物が検出された。
1975年　クチャ県文物保護管理所が設立。クチャ市内の文物の保護と研究活動を行う。
1978年　新疆ウイグル自治区博物館および新疆アクス地区クチャ県文物保護管理所により、西寺最西端の仏塔北側の墓の応急的整理発掘が行われる。
1989年、1990年
　　　　　新疆文物考古研究所、アクス地区文物全面調査隊が2度に渡り調査。
1996年　国務院より第4次全国重点文物保護単位に指定される。
1999年　東寺、西寺の洪水防止の堤防工事が竣工。
2000年　スバシ故城文物保護管理所が設立。
2003年　東寺遺跡の防護フェンスの修理を行う。
2004年　クチャ県文物保護管理書が文物局に昇格し、スバシ故城はクチャ県文物局の管理下となる。
2007年、2012年
　　　　　スバシ故城は「シルクロード」の遺産として、中国世界文化遺産暫定リストに登録される。
2010年　西北大学文博学院がスバシ故城で考古調査を行う。
2013年　国家文物局の批准、新疆ウイグル自治区人民政府の公布を経て「スバシ仏寺管理計画」を実施。
2014年　国家文物局の批准、新疆ウイグル自治区人民政府の公布を経て「スバシ故城保護総体計画」を実施。
2014年6月
　　　　　第38回世界遺産委員会において、「シルクロード：長安―天山回廊の交易路網」が世界文化遺産に登録される。

河西遺跡に残る石窟

○ 遺跡の概況 ○

　クズルガハ烽火台は、新疆ウイグル自治区アクス地区クチャ県の北西12㎞、塩水溝の砂礫台地に位置する。新疆で保存状態が最も良く、最大規模、代表的な古代の烽火台である。クチャ県内には烽火台遺跡が多く、特にチャールダーグ山の南部に東西方向に帯状に分布している。クズルガハ烽火台がある塩水溝東岸の砂礫台地は視野が開けており、漢代には玉門関から亀茲、疏勒、天山北麓の烏孫への交通の要衝であった。

　遺跡は高さ約13ｍ、基礎部分は東西長さ6.5ｍ、南北幅4.5ｍの長方形をしており、下から上へ徐々に小さくなる4層の台状で、10～20cmの層が版築で作られている。このほか、西北方面の塩水溝南側の稜線沿いの道には、漢唐時代の4基の砦が残っている。その中でも最も保存状態がよいものは面積が77㎡、高さ約7ｍ、頂部面積は27.5㎡、中心部分は版築で、四方と頂部は煉瓦が積み重ねられている。

○ 歴史と沿革 ○

　クズルガハ烽火台は漢代に造られた。宣帝が神爵2年（B.C.60）に西域都護府を設置し、全ての西域を統治下に置いた。シルクロードを開通させ、匈奴の侵攻に抵抗するため、敦煌から亀茲まで烽火台と宿場を作った。唐の太宗は貞観14年（640）、西州に安西都護府を設置した。顕慶3年（658）、安西都護府を亀茲に移した。唐王朝は突厥からの侵攻に効率よく対抗するため、漢代に造られていた烽火台をもとに、烽火台と宿場を建てた。クズルガハ烽火台は古代亀茲地域の烽火台であったが、漢唐以降は放棄され、遺跡となり現在に至っている。

クズルガハ烽火台

新疆世界文化遺産図鑑

○ 突出した普遍的価値 ○

　クズルガハ烽火台は紀元前2〜3世紀に漢王朝が天山南麓の道沿いに設置した警備用施設で、タリム盆地北辺のチャールターグ山南麓の台地に位置する。西域のシルクロードにある多くの烽火台の中でも保存状態が良い最大規模の代表的な烽火台である。シルクロードにおける長距離交通と交流を守る漢帝国の烽火台制度であり、漢代の天山南路の交通路の有様を反映している。

文化財保護部門の関係者から世界遺産に登録されたクズルガハ烽火台について説明を受ける小島康誉氏

考古学的な予備研究を経て、外形、材料、建造工芸、環境要素、位置から得られた情報は、漢代の天山南麓の烽火台の立地、建築形態、技術特徴、守備機能の特徴を具体的に示しており、シルクロードの交通の安全を守る仕組みの研究にとって貴重な物証となっている。烽火台はその守備機能の特性をすべて備えている。烽火台遺跡及びその用地選定、守備機能に関わりのある塩水溝、東岸の台地、北部のチャールターグ山から、守備体系の特徴と情報が読み取れる。

◯ 遺跡の保護 ◯

1957年 自治区級重点文物保護単位に指定される。

1960年以来
　　　　国内学者、文化財主管部門が何度も測量及び考古調査の基礎的調査を行う。

1975年 クチャ県文物保護管理所設立。クチャ内の文物の保護と研究活動を担当。

2001年 国務院により第5次全国重点文物保護単位に指定される。

2004年 クチャ県文物保護管理所が文物局に昇格。

2008年 クチャ県がクズルガハ烽火台保護管理所を設立。

2009年 国家文物局の批准、新疆ウイグル自治区人民政府の公布を経て「クズルガハ烽火台保護総体計画」を実施。

2010年 保護総体計画に基づき、烽火台の保護フェンスが建設される。

2011年 シルクロード（新疆部分）重点文物保護工程のクズルガハ烽火台保護工程が実施される。

2010〜2012年
　　　　文化財部門が建設省総合勘察研究設計院に委託し、烽火台本体の総合的な測定を行い、烽火台総合情報管理システムの設立を開始。

2012年 クズルガハ烽火台がシルクロードの遺産のひとつとして、中国世界文化遺産暫定リストに登録される。

2013年 新疆ウイグル自治区人民政府が「クズルガハ烽火台管理計画」を批准、公布。

2014年6月
　　　　第38回世界遺産委員会において、「シルクロード：長安—天山回廊の交易路網」が世界文化遺産に登録される。

交河故城
ANCIENT CITIES of JIAORIVER

新疆世界文化遺産図鑑

○ 遺跡の概況 ○

　交河故城は新疆ウイグル自治区トルファン市の西 10kmのヤルナイズ溝内に位置する。紀元前 2 ～ 14 世紀のシルクロード天山南麓のトルファン盆地の重要な中心都市であり、640 年に唐王朝が安西都護府を交河城に置き、天山南麓および西域の広大な地域を掌握するための重要な行政、軍事、交通、宗教の中心となった。西は焉耆に接し、南は鄯善に通じ、北は天山北麓の北庭故城に接し、東は高昌故城を経て河西地域に到達す

交河故城

るシルクロード上の重要な交通の中心であった。交河故城は独特な都市構造の大規模な建築遺跡で、溝北墓、溝西墓で出土した多くの文物は、シルクロードの東西文化及び多民族文化の交流と伝播の研究にとって貴重な資料である。1961年3月4日、中華人民共和国国務院により第1次全国重点文物保護単位に指定された。

交河故城はヤルナイズ溝の台地上に造られており、平面は柳葉形で東南から西北に広がり、長さは1,750m、幅は最も広いところで300m、周囲は約4,100m、面積は376,000㎡、遺跡の建築面積は約22万㎡である。城址以外の北部、西部の台地上に溝北墓、溝西墓がある。溝北墓は車師国の貴族の墓地であり、埋葬形態は竪穴墓が主で、75座が現在も残されている。溝西墓には車師国時代の竪穴墓、斜めに下る墓道を持つ普唐時代の洞室墓がある。

交河故城台地

都市遺跡は住居区、官署区、倉庫区、寺院区、墓葬区など、機能別にはっきりと分かれている。城址の南北方向に通じる2本の大通りが都市を形作っており、住居区、寺院区、倉庫区などは大通りの両側、官署は都市の中心、墓葬区は北側、最も重要な寺院建築は大通りの北端に分布する。多くの路地が大通り沿いに交差しており、路地の両側には囲まれた庭がある。城址内に建物、城門、寺院、古井戸、路地、台地の防護壁、墓葬区等の遺跡が現存している。建築技術は主に版築（土を叩き固める）、圧地起凸法（壁を残し台地を掘り下げていく）、垛泥法（土を積み上げる）、土坯法（土煉瓦造り）が用いられている。

　交河故城の台地は溝底より約30m高く、四方は切り立った断崖で天然の防護壁となっている。西南の端には城壁跡があり、崖の壁上に出来ている割れ目が交河城の城門である。交河故城には南門、東門、西門の3つの城門が残っている。そのほか、交河台地の北崖上には人工的に掘り下げられ地面に通じた垂直の暗道がある。南の城門に通ずる中央の大通り、側道、東西の大通りが都市道路網の骨格を構成している。

1. 交河故城の中央通り
2. 交河故城遺構群

新疆世界文化遺産

官署は故城中央部の高台にあり、地下には庭が「減地法（地表を削剥して掘り下げる）」によって造られている。残りの建築の壁は版築、屋根は木造である。官署の西、北、南3面には高くて大きな囲いがあり、囲いの外側は官署の地表より4～6m下の街道に達する。官署の北側は面積が6,000㎡ほどの広場となっており、広場の中心には版築の建築遺跡がある。

倉庫区は交河故城の東側にあり、東門に近い。主に様々な大きさの地下住居とその補助的な建物がある。

● 交河故城 ●

交河故城官署

住居区の規模は比較的小さく、2 カ所が発掘されている。
　1 号住居は 2 つの地下住居がつながっており、内外 2 室に分かれている。内室は小さく外室より下がっている。この様な地下住居の多くは市街地の東、南部に見られる。独立している台地の地表を削って四角形の壁を造り出し、その壁に沿って中を掘り地下住居が造られている。
　2 号住居は長方形の庭式住宅で、市街地の北に位置する。「減地成墻法」で造られている。庭の長さは 28 m、幅 15 m。院内の南側には小さな前庭、北側には東西に各 5 間の脇間がある。

1 2

1. 交河故城住居区
2. 交河故城住居区

新疆世界文化遺産図鑑

1 2

1. 塔林（僧の墓群）
2. 大仏寺の中心塔に残された仏龕

　中央の仏塔は市街地の中部にあり、基礎部は正方形を呈し、周囲57.1m、高さ約10mである。

　大仏寺は中央の仏塔の北側に位置する。中央通りの終点であり、面積は5,192㎡で、交河故城に現存する53ヵ所の仏寺遺跡の中で最大である。正殿の中心塔柱に5ヵ所の龕跡があり、そのうち3ヵ所には泥塑仏像が残されている。

　大仏寺より北には東北仏寺、塔林、西北仏寺などの宗教建築物がある。

新疆世界文化遺産図鑑

○ 歴史と沿革 ○

前漢時代	古代車師人が交河城一帯を中心として活動。
B.C.66年	漢軍が交河に屯田する。
B.C.60年	トルファン盆地にあった車師前国が都を交河城に置く。同年、漢王朝が西域都護府を設置し、車師前国は完全に前漢の属国となる。
323～442年	前涼張氏政権が高昌郡を設置。交河はその指揮下に入る。
450年	車師国は高昌国に滅ぼされ、麹氏高昌国下の交河郡（交河県と同治される）となる。
640年	唐王朝が交河城に安西都護府を置き、天山以南および葱嶺（パミール高原）より西の諸都督府と羈縻府州を管轄し、天山以南地域の最高軍政機構となる。
1132年以降	西遼の属国となる。
13世紀以降	蒙古へ臣服する。
14世紀	交河城が放棄される。

1. 金鹿
2. 花形装飾
3. 金の首飾り
4. 三族彩陶盆
5. 泥塑比丘頭像
6. 骨飾
7. 彩陶碗
8. 青銅菩薩立像
9. 双耳彩陶罐

○ 突出した普遍的価値 ○

交河故城は東洋と西洋の異文化のエッセンスを蓄積している。車師人、漢人、匈奴人、鮮卑人、ソグド人、突厥人、吐蕃人、回鶻人、蒙古人、その他民族が生活し、相次いで漢語、サンスクリット語、トカラ語、突厥語、回鶻語、西夏語、チベット語などの文書と題記が発見された。この地域では祆教、仏教、マニ教、景教、道教、イスラム教など多くの宗教が盛んであった。交河故城は西域の歴史、宗教、芸術、文化および東西交通史、世界文明史の研究において重要な意義を持っている。

交河故城は東西交通の要衝に位置し、シルクロードの重要な都市となった。西域の政治、経済、文化の中心のひとつであり、またシルクロードの東西文化交流と貿易往来の重要なターミナルであった。二千年以上にわたる東西の古代文化の交流及びシルクロード貿易往来の証であり、その融合の上に新しい独自の魅力ある文化を創りだした。交河故城の遺跡は様々な文化の集大成であり、極めて多様性に富んでおり、中国のみならず世界でも類を見ない、全人類にとっての文化遺産である。

交河故城は紀元前2～14世紀のトルファン盆地の重要な中心都市で、城址と墓地、全体の構造、城址の建築の配置や形、材料と工芸、墓の形状、周辺環境の保存状態は比較的良い。車師、普・唐、天山ウイグルなどの時代におけるトルファン盆地の中心都市の構造及び墓地、各種建築、施設の形状と技術の特徴がありのままに反映されており、『史記』『漢書』『旧唐書』『新唐書』など歴史文献の記載、および20世紀初頭の西洋の探検家の調査結果がそれを裏付け、シルクロード上の文化交流、民族往来、宗教伝播などの領域の研究に貴重な物証を提供している。

寺院区

○ 遺跡の保護 ○

1928～1930年
中瑞西北科学考察団の黄文弼氏が交河故城の詳細調査を行う。

1957年 第1次自治区級文物保護単位に指定される。

1961年 国務院により第1次全国重点文物保護単位に指定される。

1992～1995年
ユネスコ（訳注：日本政府が資金提供）と中国政府が共同で交河故城の修復保存工事を行う。

1993～1994年
交河故城の城区内外の溝北墓、西北小寺、地下寺院、東城門、住居区2カ所に大規模な調査と整理、発掘を行う。

1994年 交河故城文物管理所が設立。

2001年 溝西墓、溝北墓が交河故城に含められ、全国重点文物保護単位となる。

2003年 国家文物局の批准、新疆ウイグル自治区人民政府の公布を経て「トルファン地区文物保護総体計画」及び付随の「交河区域文物保護詳細計画」を実施。

2004年「トルファン市交河故城保護管理弁法」が発布、同年11月「新疆ウイグル自治区トルファン交河故城遺跡保護管理条例」が発布。

2006年 交河故城安全技術防備システム工程を実施。

2006～2014年
四期にわたり交河故城の応急補強工事を実施。

2007～2008年
交河故城の東西両側の洪水防御堤防工事を実施。

2007年、2012年
「シルクロード」の遺産のひとつとして、中国世界文化遺産暫定リストに登録される。

2012年 新疆ウイグル自治区人民政府が「交河故城管理計画」を批准、公布。

2014年6月
第38回世界遺産委員会において、「シルクロード：長安―天山回廊の交易路網」が世界文化遺産に登録される。

---

1 2

1. 世界文化遺産に登録後、多くの観光客で賑わう交河故城
2. 交河故城大仏塔

065

新疆世界文化遗产

高昌故城
ANCIENT CITIES of GAOCHNG

○ 遺跡の概況 ○

　高昌故城は「亦都護城」（突厥語で「王城」の意）とも呼ばれ、新疆ウイグル自治区トルファン市より東に約30kmの三堡郷に位置する。天山山脈の東南、トルファン盆地の北端と火焔山南麓の砂礫地帯に接する沖積平野地帯、木頭溝河のオアシスで、周囲の地形は平坦である。火焔山南麓の勝金口は北に約6.5km、鄯善県城は東に55km、アスターナ古墓群は北に3km、勝金口石窟は東北に7.5kmに位置し、唐代には天山南麓の重要な政治、経済、文化、宗教、軍事の中心と交通の要衝であった。9～13世紀に高昌回鶻王国の都として発展した。高昌故城は古代西域地域の高昌国、高昌回鶻など文明の証であり、都市文化、建築技術、多様な宗教と多民族文化がトルファン盆地で交流し伝播したことを示している。1961年、国務院により第1次全国重要文化保護単位に指定された。

　高昌故城は古代西域における最大規模の都城であり、外城、内城、宮殿（可汗堡）の三つの部分から構成され、壁の外には馬面（防備のため城壁が凸型に突出した部分）などの付随施設が現在も残っている。壁は版築と日干し煉瓦でできている。城址内には南大仏寺、東南小寺、東南房屋遺構など多くの宗教建築遺構と住居遺構がある。城外には堀の遺構、西北部2.5kmには西晋から唐代に至る高昌地域の古墓群であるアスターナ古墓群がある。西門の位置は遺跡から確認できる。南門の位置は2014年に考古発掘を経て判明した。

　外城城壁の平面輪郭は不規則な方形を呈しており、周囲約5.5km、面積約1.98km²あり、城壁の最も高い所は11mある。外城北部は建築遺構が密集し、西北部の基礎部分はそれほど残っていない。西南部は一カ所の寺院遺構とその北面、東面、南面に長屋の住居跡がある。寺院の基礎部の平面は長方形で高い壁が取り囲んでいる。門は東向きで、門道の両側に巨大な建築遺構がある。庭園の正面は仏殿遺構で、殿内の中心柱の南面には仏龕が残されている。上部の小さな仏龕の中には漆喰塗りで描かれた後光が残っている。庭園の右側に方形を呈するドーム型天井の建築遺構がある。残された下部の壁と東北の角にあたる壁の上部が円形アーチ状になっている。仏殿の北、西、南の三面は長屋の遺構である。

高昌故城 壁外の馬面

講経堂

新疆世界文化遺産図鑑

　内城の周囲は約3.42km、面積は約80万㎡。内城の壁は版築でできている。東壁は欠け、西壁の北側は数段を残すのみとなっている。南側には基台状の遺構がある。城内西北部はなお多くの建築遺構が残っており、種類が豊富で、その中でも西壁側の高台及び上部の塔式建築遺構は比較的良く残っている。南部に残されている建築遺構は少なく、中部と西部には大規模な建築遺構がある。

　宮殿は内城の北部に位置し、南、西、北三面の壁を残すのみである。城内北部は面積約900㎡の土台があり、上には塔形の建築遺構がある。土台西側には掘り下げ式の庭園遺構があり、南側の真ん中と西北の角に階段があり、南側には大きな建築遺構がある。地表には直径、深度

も不揃いな凹部があるが、壁がなく、構造は判別できない。

　城址の中で発見または出土された文物には、壁画、塑像、絹や麻布の画、仏具など仏教、マニ教、景教などに関連したものや、漢語、サンスクリット語、ペルシャ語、ソグド語、回鶻語などの文書や彫刻物、建築部位、シルク製品、金属飾りなども出土している。

高昌故城

○ 歴史と沿革 ○

前漢初期 高昌故城は古代車師国に属した。
B.C.48年 前漢政府が「戊己校尉を置き、車師故地を屯田させた」。
高昌の拠点を設置し、「高昌壁」と称した。
123年 「高昌塁」と改名し、涼州敦煌郡の支配下に置かれる。
316年 西晋が滅亡した後、高昌は前涼の領地となる。
327年 高昌郡が設置され「高昌城」と称する。

376年以降
　　　　　相次いで十六国の前秦、後涼、段氏北涼、西涼、沮渠氏北涼政権の支配下に置かれる。
448年　沮渠氏北涼政権が高昌地域を統一し、高昌が政治の中心となる。
460年　高昌は独立建国し、高昌城が正式に国都となる。
640年　唐王朝が高昌国を滅ぼし、その地に西州を置く。高昌を西州の役所とし、同時に高昌県の役所とする。
792年　吐蕃が高昌を支配下に置く。
866年　回鶻が高昌を支配し、「回鶻高昌」あるいは「高昌回鶻」と称する。
12〜13世紀
　　　　　相次いで西遼と元朝の属国となる。
14世紀　放棄される。

1. 大仏寺の僧房
2. 高昌故城の一角
3. 大仏寺の仏塔

○ 突出した普遍的価値 ○

　高昌故城は高昌の歴史上、政治文化の中心、中央政権との関係が特殊な西域の要衝として、東西文化交流において大きな役割を果たした。ここはかつて西域の政治、経済、文化、交通の中心であり、西域最大の国際都市、宗教の中心、アジアにおける印刷の一大拠点であり、同時に古代中国と西洋の文化交流の中枢であった。高昌故城は長期にわたり中央政府の管轄区域として、政治、経済、文化の面で内地と密接な関係を保っていた。

　高昌故城の歴史データは、社会史、科学技術史、文化史や考古学、地理学、人類学、宗教学などの学科研究に重要な人文科学的価値を持っている。高昌故城は東西文化交流、シルクロード史、中央アジア文明史および当該地区の古代社会政治、経済、軍事、建築、宗教など各方面の歴史研究にとって重要な物証であり、国内外の考古学研究領域において絶えず注目を集めている。

　高昌故城はシルクロードに現存する漢唐時代の城址の中で、三重構造の城郭と元の城壁規模を保っている唯一の古代城址である。現存する城址の規模、建築の配置と形状、材料と工芸、および大量の出土文物は、高昌故城の特徴、建築技術、宗教文化などの情報を完全に留めており、高昌回鶻時代などのトルファン盆地中心都市の配置、各種の建築、施設構造、技術特性をありのままに反映している。『史記』『漢書』『旧唐書』『新唐書』など歴史文献の記載や20世紀初頭の西洋の探検家の調査結果がそれを裏付けており、シルクロードでの文化交流、民族往来、宗教伝播などの方面の研究に貴重な物証を提供している。

1. 青磁盆
2. ペルシャ・ササン朝の銀貨（左が原寸大、右は部分拡大）
3. 銅菩薩（原寸大）
4. 人形花押（左が原寸大、右は部分拡大）

①

● 高昌故城 ●

077
新疆世界文化遺産

新疆世界文化遺産図鑑

○ 遺跡の保護 ○

19世紀末～20世紀初頭
　　　　ロシア、ドイツなど外国の考古探検隊が相次いで高昌故城の調査発掘を行う。

1928年　中国人学者の黄文弼氏が中国政府の派遣する中瑞西北科学考察団のメンバーとして高昌故城で考古調査を行う。

1951年、1961年
　　　　新疆ウイグル自治区と北京大学が考古調査を実施。

1957年　自治区政府より第1次自治区級文物保護単位に指定される。

1961年　国務院により第1次全国重点文物保護単位に指定される。

1980年以降
　　　　段階的に高昌故城内の農田の耕作をやめ、灌漑水渠を廃止し、封鎖管理がほぼ完了する。

1995年 トルファン市人民政府が保護範囲を公布。面積は2.2km²。

1999年 高昌故城文物保護管理所設立、高昌故城の保護管理を専門に請け負う。「四有」活動を展開し、保護範囲の確定、保護標識の樹立、記録の作成を行う。

2003年 国家文物局の批准、新疆ウイグル自治区人民政府の公布を経て「トルファン地区文物保護総体計画」と付随の「高昌故城片区文物保護詳細計画」を実施。

2005年 国がシルクロード（新疆部分）重点文物保護工程を開始。

2005～2014年
保護工程に合わせて前期文物考古調査発掘作業が行われ、相次いで5期高昌故城応急補強工事が実施された。

2008年 トルファン市人民政府が「トルファン市高昌故城遺跡管理法（暫定試行）」を発布。

2007年、2012年
高昌故城が「シルクロード」の遺産のひとつとして、中国世界文化遺産暫定リストに登録される。

2012年 新疆ウイグル自治区人民政府が「高昌故城管理計画」を批准、公布。

2014年6月
第38回世界遺産委員会において、「シルクロード：長安―天山回廊の交易路網」が世界文化遺産に登録される。

1 2

1. 高昌故城の一角
2. 東南小仏寺

北庭故城

ANCIENT CITIES of BEITING

○ 遺跡の概況 ○

　北庭故城は新疆ウイグル自治区ジムサール県中心地より北12㎞にある北庭鎮に位置し、東側の天山山脈北麓の斜面前の平原、南は天山のボゴダ峰を背に、北はジュンガル盆地グルバンテュンギュト沙漠に接する。北庭故城は後漢の金満城、魏晋時代の于頼城、隋末唐初の可汗浮図城を基本に発展し、唐代はここに庭州、北庭都護府、北庭節度使が置かれ、回鶻時代にはかつて高昌回鶻王国の第二都市、元代には北庭都元帥府とビシュバリク宣慰司が置かれた。北庭故城で現存するのは主に唐代から回鶻時代（7～3世紀）の遺構で、主に北庭故城城址、北庭西寺の2カ所である。

|1|
|2|

1. 内城北壁
2. 北庭西大寺外観
（訳注：84頁の遺跡を覆う博物館建設前）

新疆世界文化遺産図鑑

● 北庭故城 ●

北庭故城には、内城、外城の2重の城壁が現存している。平面は不規則な長方形を呈し、城址の面積は約1.41㎢、東西幅約850m、南北の長さは約1,700mある。内城、外城は壁、馬面、角楼、敵台、城門、建築、道路などの遺構を含み、外城北壁中段の北は羊馬城（低い城壁）が連接する。外の城壁は唐の顕慶3年（658）に建造された。高昌回鶻時代に修繕され、内の城壁も建造された。城内ではすでに12カ所の建築基礎が発見され、そのうち5番目の建築基礎は仏塔遺構であり、基礎部は四角形、塔身は八角形を呈し、土煉瓦造りの高昌回鶻時代の遺構である。

北庭高昌回鶻仏寺遺跡（北庭西寺）は城址より西に700mの西河壩東岸の台地に位置し、高昌回鶻時代（10世紀中期～13世紀中期）に造られた高昌回鶻王国の王家寺院である。仏寺の四面には堀の跡があり、全体の平面は南北に長方形を呈し、南北全長70.5m、東西幅43.8mで、現存する地上からの最高点は14.3mである。寺院全体の配置は前方に仏殿、後方に仏塔があり、北部は塔型の正殿で、各面には2階建ての洞窟式の大きな仏龕がある。南部は配殿の建築群で、中軸に沿って両脇に配殿、僧房など付随の建築が配置されている。塔型正殿の洞窟型仏龕や南部の配殿の中から、まだ多くの仏像や壁画が発見されている。

保護対策後の北庭西大寺

○ 歴史と沿革 ○

72年	後漢が車師後部を取り、金満城を屯田した。この後、この城は魏晋時代の于頼城、隋末唐初の可汗浮図城となる。
640年	唐が高昌を平定し、可汗浮図城に庭州を設置。唐の顕慶3年（658）に庭州城を建てる。現存の外城はこの時建てられたものである。
702年	北庭都護府を設置。以後北庭都護府、北庭大都護府となる。
733年	北庭節度使を設置。唐代も北庭故城を何度も改修した。安史の乱後、吐蕃、回鶻が相次いで北庭を占領。
840年	回鶻は漠北から北庭へ移り、ここを拠点として高昌へ発展した。
851年	回鶻が西州を攻略。
866年	高昌回鶻が立国し、10世紀初頭仏教に帰依する。この期間に北庭故城の内城が作られ、外城の大規模な修理と補強が行われる。
10世紀中期～13世紀中期	回鶻王家寺院の北庭西寺が建造される。
13世紀初頭	チンギス・ハンが西征し、「ビシュバリク」を西域の副都とする。
1251年	ビシュバリクに行中書省（元代の地方行政機関）が設置され、1280年には北庭都護府が設置される。
1283年	高昌回鶻王が甘粛の永昌に遷都し、北庭は回鶻の政治中心地ではなくなる。
14世紀中期	蒙古がビシュバリク国を打ち立て、ビシュバリク城を中心とする。
1346年	トゥグルク・ティムール、その息子ヒズル・ホージャが、ビシュバリクのチャガタイ・ハン匡の王となり、高昌の住民をイスラム教に改宗させる。
1417年前後	ビシュバリク国はイリバリク（現在のイリ地方）に遷都し、オイラト民族が北庭地域を占拠する。
元末から明初	城址は放棄された。

北庭西大寺の泥塑

北庭故城

北庭故城西寺の仏龕壁画

○ 突出した普遍的価値 ○

　北庭故城は7～14世紀の天山山脈東端北麓における一大中心都市で、天山より北の重要な軍政の中心、交通の要衝であった。かつては唐代の庭州、伊州、北庭都護府、北庭節度使の役所があった。9世紀に回鶻が北庭を根拠地として西域に発展し、高昌を都に定めた後、ここは副都となった。元代にはビシュバリクとも呼ばれ、北庭都元帥府とビシュバリク宣慰司が設置された。北庭故城は、唐王朝による「都護府」などの辺境管理方法によってシルクロードの文化交流を担い、古代西域地域の高昌回鶻などの文明の証となり、シルクロード沿線に関係する都市文化、建築技術、仏教と多民族文化の交流と伝播を展開した。

　北庭故城に現存する都市規模、基本構造、大部分の建築遺構の形、土の材質、建造工芸などは、唐、高昌回鶻から元に至る時代の天山以北地域の中央都市の計画、建築形態、技術の特徴と変化の過程をありのままに反映している。遺跡の建物、壁画、彫塑は建物の特徴と仏教芸術方面の発展ぶりを残しており、10～13世紀、天山以北における仏教の伝播と繁栄、仏教建築と芸術の発展を表している。

　北庭故城には1.41㎢の都市規模と2重構造の城、都市建築遺構（城壁、城門、道路、仏寺、住居など）、北庭西寺遺構および寺内の壁画、塑像、出土文物、堀などが現存している。唐代と高昌回鶻時代の天山以北地域の中央都市計画の特徴と建築の特色を伝え、周辺オアシス及び天山南部の全体的な環境を完全に留めている。

|1|2| |3| |
1. 仏龕壁画
2. 泥塑
3. 北壁壁画

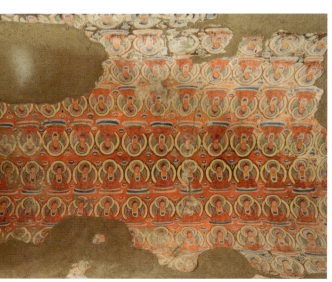

新疆世界文化遺産図鑑

○ 遺跡の保護 ○

20世紀初頭
　　日本の大谷探検隊、イギリスのスタインなどが相次いで北庭故城の調査を行う。

1979～1980年
　　中国社会科学院考古研究所が北庭故城西寺で考古発掘作業を行う。

1982年　ジムサール県文物保護管理所が設立される。

1988年　国務院により第3次全国重点文物保護単位に指定される。

2001年　ジムサール県文物保護管理所が文物局に昇格。

2008年　西寺に保護用の屋根工事が行われる。

2009年　国家文物局の批准、新疆ウイグル自治区人民政府の公布を経て「北庭故城文物保護総体計画」を実施。

2010年　北庭故城が第1次国家考古遺跡公園リストに選ばれる。

2011年　北庭故城の城壁の保護補強工事が始まる。

2012年　シルクロードの遺産のひとつとして、中国世界文化遺産暫定リストに登録される。

2012年　新疆ウイグル自治区人民政府が「北庭故城管理計画」を批准、公布。

2013年　新疆ウイグル自治区人民代表大会常務委員会にて「新疆ジムサール北庭故城保護条例」が審議され、通過する。

2013年　北庭故城が第2次国家考古遺跡公園リストに登録される。

2014年6月
　　第38回世界遺産委員会において、「シルクロード：長安―天山回廊の交易路網」が世界文化遺産に登録される。

保護対策後の北庭西大寺内部

新疆世界文化遺産図鑑・付録

小島精神と新疆文化財保護研究

編集：新疆文化広報組

新疆の 6 遺跡がユネスコ世界遺産委員会により「世界文化遺産」に登録されたこの時、我々は 30 数年間にわたり新疆の文化・文化財・教育事業などに貢献しつづけてきた一人の外国友人を忘れることは出来ない。その人は日本友好人士小島康誉氏である。

キジル千仏洞との離れられない縁

1986 年 5 月、小島康誉氏は初めてキジル千仏洞を参観した。彼はこの世界的文化遺産に動かされ、敬意を表し、石窟修復の手助けとして 10 万人民元を贈った。これは外国人による中国新疆の文化財保護への寄付第一号である。小島氏は日本の探検隊がかつてここより大量の貴重な文化財を持ち去ったことを知っており、また中国政府がキジル千仏洞修復に 2,000 万人民元を投じることを知り、日本で千仏洞修復協力のため資金を募ると申し出た。彼の大変な努力により、日本に中山太郎元大臣を名誉顧問、上村晃史上村工業社長を会長とした「日中友好キジル千仏洞修復保存協力会」が成立した。協力会専務理事の小島氏は心身を投げ出し、東奔西走し、不眠不休の活動を行い、ついに資金と車両あわせて 1 億 544 万円（現在の 1 億人民元余に相当）を中国新疆ウイグル自治区政府へキジル千仏洞修復のために贈呈した。

関係部門のたゆみない努力でキジル千仏洞の修復は完了した。募金した日本の企業や個人名が刻まれた記念碑を建て、感謝を表した。

小島精神と新疆文化財保護研究

1. 王恩茂前新疆ウイグル自治区党委員会書記も列席した日中友好キジル千仏洞修復保存協力会第二次贈呈式（1989年）
2. 当初の記念碑が劣化したため改築されたキジル千仏洞修復記念碑
3. 1986年に小島氏が撮影したキジル千仏洞の当時の状況
4. 小島氏が募金のために作成したパンフレットや報道各紙
5. 修復中のキジル千仏洞
6. 小島氏は「亀茲研究院成立25周年記念大会」で100余名の国内外教授らに「キジル1986、我が出発点」を講演、その後の記念撮影

新疆世界文化遺産図鑑・付録

荒涼な沙漠に眠っていた文化財に息吹を

　シルクロード上の新疆は古より中国中央政府の所管する所であり、歴史を秘めた大地には多くの文化遺跡が残存している。小島氏は新疆の文化遺産はキジル千仏洞だけにとどまらず沙漠の奥地に埋もれ眠っている遺跡もあると知り、欣然として中国の関係部門と調査研究をしようと許可を求めた。関係部門の検討をへてタクラマカン大沙漠での中日共同ニヤ遺跡学術調査が確定した。

| 1 | 3 |
| 2 | 4 |

1. 小島氏は日本友人を率いてキジル千仏洞を参拝し、彼らに新疆文化財保護の重要性を訴えた

2. 1988年11月、小島氏と韓翔新疆文化庁文物処長・盛春寿新疆文化庁文物処員（後に新疆文物局長）・伊弟利斯・阿不都熱蘇勒新疆文物考古研究所研究員（後に考古研究所長）・王経奎新疆文化庁外事弁公室員・熱傑布・玉素甫和田文管所長・堀尾寶・北野博之らが第一次日中共同ニヤ遺跡学術調査を敢行

3. 日中共同ニヤ遺跡学術調査のプレスリリース、鉄木尓・達瓦買提新疆ウイグル自治区主席・吾甫尓・阿布都拉自治区副主席・馮大真中共新疆委員会宣伝部長らが出席し挨拶

4. 第7次日中共同ニヤ遺跡学術調査ベースキャンプでの隊員

1988年、彼は日本の佛教大学など数大学（訳注：数大学参加は第二次調査から）の考古学・仏教学者などを組織し、新疆文化財部門と共同調査隊を結成し第一次ニヤ遺跡調査を敢行した。小島氏は仏教徒としてニヤ遺跡の重要意義を深く理解していた。調査後、彼は日中共同での本格調査を提案、共同でニヤ遺跡の大規模学術調査を行うことになり、彼が日本側隊長、鉄木尓・達瓦買提新疆ウイグル自治区主席が調査隊名誉主席となった。

この調査は10年間にわたり、9回も大沙漠に入り、ニヤ遺跡で現地調査を行った。ニヤ遺跡（訳注：南北25km・東西7km・周辺を含む）での多領域調査であり、必要な設備・器材・経費などはすべて小島氏が提供した（訳注：一部は日本の文部科学省科研費助成）。

小島氏は法を知り守る人である。調査の各段階で中国側と協議書を交わし、中国政府の許可を取得した。国家文物局（訳注：日本の文化庁に相当）が彼に発掘許可を出した後に日本側は発掘に参加した。発掘過程では中国側の要望に応えた。すべての合作で小島氏は中国の国情を理解し、中国の法律を理解した。中日共同調査は良好なシステムを模索し、中国と外国との考古学調査史上の模範・美話と称されている。

タクラマカン沙漠は「死亡の海」と譬えられる。「死亡の海」での調査が遭遇する困難は想像するに難くない。しかし小島氏は調査で数多くの困難に遭遇した際、例えば沙漠車故障、沙漠で病人発生などにおいて、年長者として僧侶として、皆を鼓舞し困難を克服した。日本の僧侶として調査隊に強固な共通理念（訳注：友好・共同・安全・高質・節約）を樹立し、調査の大きな力とした。

苦労は調査で豊富な成果を獲得するには欠かせない。中日共同ニヤ遺跡調査隊が発見した「五星出東方利中国」錦は内外で著名であり、「ニヤ学」は長足の進歩を遂げた。「五星出東方利中国」錦は重要な歴史的価値を持つ文化財であり、「国外展示禁止文化財64点」に選ばれ、中国の国宝中の国宝となった。これら全ては小島氏および彼が率いた佛教大学内ニヤ遺跡学術研究機構と切り離せない。

新疆世界文化遺産図鑑・付録

　2001年、ニヤ遺跡調査は「中国20世紀考古大発見100」に選ばれた。

　21世紀に入っても中日共同調査はなお（研究や報告書出版などを）継続している。現在、ニヤ遺跡は貴重な文化遺産として、全国重点文物保護単位になっており、国際的にも大きな影響力がある。

　ダンダンウイリク遺跡はチラ県タマゴ郷の北90kmに所在する唐代の遺跡である。新疆に残存する最大規模の古代文化遺産のひとつであり、歴史上輝いていた時期があった。2006年、全国重点文物保護単位となった。

　この遺跡が発見され調査研究

されてからすでに100年が経過した。小島氏が提案し組織した中日両国学者の友好協力科学調査はダンダンウイリク調査史上重要な一頁である。

　2002年、小島康誉氏は中国側と共同でダンダンウイリクを調査することを提起した。これは中国の文化財研究機関によるダンダンウイリク遺跡初の正式調査と発掘である。

　6年間にわたる調査で4回大沙漠の遺跡に入り、誉れ高い「西域のモナリザ」をふくむ多くの美しい壁画や多くの遺構を発掘し、西域仏教美術研究の最新資料となった。ダンダンウイリク遺跡で発掘した壁画は新疆文物考古研究所へ運ばれた後、小島氏はまた提案した。日中共同で壁画の保護研究することを。中日両国学者は北京大学と日本の佛教大学で国際シンポジウムを開催し、中日両文で研究報告書を出版した。ニヤとダンダンウ

イリクの調査・研究・報告書出版などは3億円を要し、その大部分は小島氏が個人で負担した。

　新疆のシルクロード遺跡世界文化遺産申請計画には、当初ニヤ遺跡や楼蘭遺跡なども含まれていたが、申請規模の問題（訳注：申請規模縮小）でこれらは申請されなかった。

　新疆の文化財考古学界は「小島氏がいなかったら20世紀末の中日共同ニヤ調査はなく、21世紀初めの中日共同ダンダンウイリク調査はなかった」と認識している。新疆の文化遺産保護と考古事業の発展過程で「小島精神」が没することはない。

人材育成

新疆の関係部門と文化方面・文化財方面の活動中、小島氏は文化・文化財の保護・継承には人材が最重要であると捉えた。このため、ある人の提案に応じて、1999年7月3日、新疆ウイグル自治区文化庁との協議書に調印し「小島康誉新疆文化・文物事業優秀賞」を設立した。

1999年から2013年の15年間で、彼は個人で200万人民元を投じ、毎年20名の文化遺産保護分野で突出貢献した個人と団体を鼓舞した。15年間で計301の団体と個人が獲得した。文化事業と文化財保護事業で素晴らしい成績をあげた組織と個人が賞を得て、物心両面で激励を獲得した。受賞者には無名ながら黙々と仕事する人、地道に文化遺産を伝承する民間の老人、最前線で競っている優秀な人材、文化財を発掘保護する高等研究者、文化財保護の現場で奮闘する保護巡視員などがふくまれている。

「小島康誉新疆文化・文物事業優秀賞」の設立と授与はすでに表彰の意義をこえ、新疆文化・文化財事業に一生をかける人や単位を激励し、新疆各民族の文化芸術・文化財事業の発展に特別の役割を果たしている（訳注：本項目は2016年2月現在、継続打ち合わせ中）。

小島氏は新疆の経済・文化・文化財・档案・教育・貧困脱出などに3,000万人民元を投じた。30年前、20年前、10年前においてである。彼はたえず「私は一民間人であり、貢献は大変少ない、30余年提供したのは小さな"愛"であり、新疆各族の人達と一緒に努力してきた」と言っている。

愛は黄金よりさらに貴重であり、行動は言葉よりさらに重要である。

1. 国宝「五星出東方利中国」錦
2. 1995年ニヤ遺跡「五星出東方利中国」錦発見現場、国家文物局により中日ニヤ調査は「1995年中国十大考古新発見」に選出された
3. ウルムチで開催された中日ニヤ遺跡調査国際シンポジウム
4. ダンダンウイリク遺跡で発見された「西域のモナリザ」壁画
5. 1999年7月、小島氏は自治区文化庁と「新疆文化・文物事業優秀賞」協議書に調印
6. 2008年11月、鉄力瓦尔迪・阿不都熱西提新疆政府副主席も列席し小島氏は自治区文化庁と「新疆文化・文物事業優秀賞」延長協議書に調印

新疆世界文化遺産図鑑・付録

小島精神と新疆30年主要出来事

1972年
- 中国初訪問以降、広州・上海・北京などでジュエリー買付。

1982年
- 新疆初訪問。トルファン参観、各族の人々の温かい心と豊富な文化遺産に魅せられる。
- ウルムチ仏教協会へ寄付。

1985年小島康誉氏は新疆大学を初訪問し奨学金を設立

1986年
- キジル千仏洞初参観。個人で千仏洞へ寄付開始。
- 新疆仏教協会へ寺院建設資金寄付。これ以降各方面へ寄付。
- 新疆大学に奨学金設立、2015年迄に4,450人の学生・教授が受賞。

1987年
- 日中友好キジル千仏洞修復保存協力会を設立。
- メディアが小島氏の新疆での活動に注目し始める。
- 僧侶となる。

日中友好キジル千仏洞修復保存協力会がキジル千仏洞修復保護に積極参与

1988年
- 日中友好キジル千仏洞修復保存協力会第一次贈呈、黄宝璋新疆政府副主席列席。
- 日本人参観団を度々率いてキジル・トルファンなど参観、文化財保護の重要性を訴える。
- 日本の各種代表団派遣開始、政治・経済・文化・観光など20余り。
- 第一次日中共同ニヤ遺跡学術調査。

日中共同ニヤ遺跡学術調査隊ベースキャンプ

1989年
- 日中友好キジル千仏洞修復保存協力会第二次贈呈、王恩茂前自治区党委員会書記列席。
- 『鉄木尓・達瓦買提詩集』（日本語版）出版。
- 中国・日本で新疆および新疆文化財保護重要性の広報開始、新疆政府・新疆文物局・新疆博物館・新疆大学・新疆財経大学・新疆師範大学・新疆医科大学・中国国家博物館・北京大学・清華大学・大連大学・南開大学・同済大学や日本各地での講演などを通じて。

● 小島精神と新疆 30 年主要出来事 ●

1990年
- 第二次日中共同ニヤ遺跡学術調査。
- 日中双方の各種仲介開始、新疆政府・新疆生産建設兵団・新疆大学などへ海部俊樹元首相・伊藤忠商事・野村證券・NHK・東海 TV・奈良女子大学などを紹介。
- 新疆大学名誉教授となる。

小島氏は日中友好交流を積極促進、中澤忠義伊藤忠副社長と李東輝新疆政府副主席は総合協力協議書に調印

1991年
- 第三次日中共同ニヤ遺跡学術調査、中国石油報・東海 TV が同行取材。

1992年
- 第四次日中共同ニヤ遺跡学術調査、国家文物局正式許可取得。東海 TV が同行取材。

1993年
- 第五次日中共同ニヤ遺跡学術調査、新華社・中国中央 TV・東海 TV が同行取材。
- 中国文物保護基金会に奨学金制度設立。
- 新疆の各方面訪日代表団招聘開始。鉄木尔新疆政府主席・阿不来提主席・司馬義主席・庫熱西副主席・金雲輝新疆生産建設兵団司令・呉敦夫ウルムチ市党書記・新疆文化庁書記・新疆文物局長を団長とする政府代表団や教師・学生など多数の代表団。

ニヤ遺跡での小島氏とラクダ使い

1994年
- 第六次日中共同ニヤ遺跡学術調査。
- 国家文物局ニヤ遺跡発掘許可証取得。
- 佛教大学に海部俊樹元首相・張徳勤国家文物局長を名誉会長としてニヤ遺跡学術研究機構を設立。

発掘したニヤ遺跡寺院遺構

新疆世界文化遺産図鑑・付録

1995年
- 第七次日中共同ニヤ遺跡学術調査、王族墓地を発見し、国宝級「五星出東方利中国」錦などを発掘。
- 新疆ウイグル自治区成立40周年にあたり貧困脱出工程へ200万人民元寄付、一部はホータン博物館・ミンフゥン博物館建設に使用。
- 全国人民代表大会「環境資源保護委員会栄誉賞」受賞。

海部俊樹元首相、新疆文物考古研究所でニヤ遺跡調査の成果を視察

新疆ウイグル自治区成立40周年に小島氏は貧困脱出工程へ200万人民元寄付

建設援助した和田博物館

1996年
- 第八次日中共同ニヤ遺跡学術調査。
- 楼蘭遺跡で環境保護ゴミ回収活動を実施。
- 『王恩茂日記』日本語版出版。
- 『日中共同ニヤ遺跡学術調査報告書』(第一巻・日中両文)出版。
- 新疆での活動に注力するため(訳注:新疆は関係なく、創業30周年にあたり)社長退任。

『王恩茂日記』日本語版出版式挙行、入院中の王恩茂氏は書面で挨拶、王楽泉新疆党書記が挨拶

102
新疆世界文化遺産

● 小島精神と新疆 30 年主要出来事 ●

1997年
- 第九次日中共同ニヤ遺跡学術調査。
- ウルムチ市名誉市民の称号をえる。
- 日中調査隊、佛教大学でニヤ調査国際シンポジウムと文物展開催。

京都の佛教大学でのニヤ遺跡調査国際シンポジウム

1998年
- 希望小学校建設開始、合せて5ヵ所の小学校建設。

小島氏と日本友人がクチャに建設した日中友好希望小学校

1999年
- 小島康誉新疆文化・文物事業優秀賞設立、2013年までに計300余の個人と団体を表彰。
- シルクロード児童就学育英金設立、2015年までに1,600人余を援助。
- 『日中共同ニヤ遺跡学術調査報告書』(第二巻・日中両文)出版。

ウルムチ市第54小学校児童へ育英金を提供

新疆世界文化遺産図鑑・付録

- 2000年
  - 北京の人民大会堂で中国歴史文化遺産保護網 www.wenbao.net 設立式、鉄木尓·達瓦買提全人代副委員長も列席。
  - 日中調査隊、ウルムチでニヤ調査国際シンポジウム開催、買買提明·扎克尓新疆政府副主席・兪偉超中国国家博物館長ら150人出席。
- 2001年
  - 新疆ウイグル自治区政府「小島康誉氏新疆来訪20周年記念大会」開催。（訳注：大会に連動して記念誌『外国友人中国情』出版）
  - 中国文化部（訳注：文部科学省に相当）「文化交流貢献賞」受賞。
  - 新疆档案局と『近代外国探検家新疆考古档案史料』を共同出版。
  - 日本「文化庁長官表彰」受賞。
  - 北京方面の求めに応じて、台湾で呉伯雄国民党副主席と会見、両岸文化財交流を促進。
  - 新疆文物考古研究所へエレベーター寄贈。

阿不来提·阿不都熱西提新疆政府主席、中国文化部の栄誉証を授与

- 2002年
  - 第一次日中共同ダンダンウイリク遺跡学術調査、「西域のモナリザ」とも称される貴重壁画発見。
  - 日本「外務大臣表彰」受賞。

ダンダンウイリク調査

- 2003年
  - 新疆ウイグル自治区政府「少数民族教育事業貢献賞」受賞。
  - 日中共同でダンダンウイリク壁画保護開始。
- 2004年
  - 第二次日中共同ダンダンウイリク遺跡学術調査、中国中央TV・NHK同行取材（訳注：ニヤ遺跡も取材）。この年、14回も訪中、内11回が新疆。
  - 新疆大学より名誉博士の称号をえる。

第29回新疆大学小島奨学金授与式

小島精神と新疆 30 年主要出来事

2005年
- 第三次日中共同ダンダンウイリク遺跡学術調査。
- NHK などが東京・神戸・岡山で「新シルクロード展」開催、ニヤ・ダンダンウイリク出土文物も展示。NHK で「新シルクロード」放送。
- 『新疆ウイグル自治区成立 50 周年にあたり新疆の発展を反映した切手セット発行。

2006年
- 第四次日中共同ダンダンウイリク遺跡学術調査。
- 新疆档案局と『中瑞西北科学考察档案史料』を共同出版。

ダンダンウイリク遺跡調査で自ら発掘し、新疆文物考古研究所で専門家と壁画を研究する小島氏

2007年
- 『日中共同ニヤ遺跡学術調査報告書』(第三巻・日文) 出版。
- 『日中共同ダンダンウイリク遺跡学術調査報告書』(日文) 出版。
- 新疆档案局と『スタイン第四次新疆探検档案史料』を共同出版。
- 盛春寿新疆文物局長と平山郁夫ユネスコ親善大使 (文化財保護担当) 宅を訪ね、世界文化遺産申請に関する貴重な示唆をえる。

2008年
- 改革開放以来の新疆の巨大変化を反映した『見証新疆変遷』(第一巻) 出版。
- 努尓·白克力自治区党委員会副書記兼新疆政府主席、小島氏との会見時に「小島氏は新疆人民の親友であり、新疆改革開放・発展繁栄 30 年の見証人である」と述べた。小島氏は主席にニヤ・ダンダンウイリク調査状況を報告した。

「新疆改革開放成就広報 8 都市キャンペーン」石河子での活動

2009年
- 『見証新疆変遷』(第二巻) 出版。ウルムチ・スホーズ・アルタイ・ホータンなど 8 都市で「新疆改革開放成就広報万里活動」実施。
- 清華大学「公共外交突出貢献賞」受賞。
- 日中調査隊、北京大学で「漢唐西域考古－ニヤ・ダンダンウイリク国際シンポジウム」開催。
- 張玉忠新疆文物考古研究所副所長の尽力で『中日共同ダンダンウイリク遺跡学術調査報告書』(中文) 出版。

新疆改革開放の成果を紹介するため『見証新疆変遷』出版

新疆世界文化遺産図鑑・付録

2010年
- 中国人民対外友好協会「人民友好使者」称号をえる。
- 中国文物保護基金会第三回「薪火相伝－中国文化遺産保護年度傑出人物」に選出される。
- 亀茲研究院成立25周年大会でキジル千仏洞の研究保護職員用通勤バスを寄贈。
- 張春賢中国共産党中央政治局委員兼新疆ウイグル自治区党委員会書記と会見、小島氏の30年の新疆への貢献が讃えられる。小島氏はニヤ・ダンダンウイリク調査などを報告。
- 新疆档案局と『清代新疆建置档案史料』を共同出版。

張春賢中国共産党中央政治局委員兼新疆ウイグル自治区党委員会書記が小島氏と会見

中国文化遺産保護年度傑出人物に選ばれる

キジル千仏洞職員用通勤バスを寄贈

2011年
- 清華大学建学100周年祝賀行事として、同大学と「ガンダーラからニヤ」写真展開催。
- 新疆で実践してきた文化遺産保護研究・人材育成・日中相互理解方面の論文「新疆での世界的文化遺産保護研究事業と国際協力の意義」を佛教大学の研究紀要に発表。
- 新疆ウイグル自治区政府「小島康誉氏新疆来訪30周年記念活動」実施。（訳注：記念大会・文化文物界座談会・記念誌『大愛無疆』発行・キジル千仏洞修復資金寄贈感謝碑改築などが行われた）

張春賢中国共産党中央政治局委員兼新疆ウイグル自治区党委員会書記が小島氏新疆貢献30周年記念活動に参加した日本友人と会見

106
新疆世界文化遺産

- 2012年　● 大英図書館の招きでスタイン・ヘディンに関する国際フォーラムに出席し「新疆の世界的文化遺産保護研究の重要性」を発表。
- 2013年　● 新疆档案館・大英博物館・オックスフォード大学で研究した「スタイン第四次新疆探検とその顛末」を佛教大学の研究紀要に発表。
- ● 佛教大学で国際シンポジウム「新疆の世界的文化遺産保護研究と国際協力の意義」開催。
- 2014年　● 新疆文物局の招きで、世界文化遺産となったキジル千仏洞・スバシ故城・クズルガハ烽火台・交河故城・高昌故城・北庭故城を再訪し、祝意と感謝を保護研究者に表す。
- ● 第11回「北京フォーラム」に招かれ「私とシルクロードー文化の道・経済の道・政治の道・協力の道」を発表。
- ● 北京大学国際シンポジウムに招かれ、発表。内外教授らとニヤ遺跡再訪。小島氏にとっては10回目のニヤ遺跡入り。
- ● 于志勇新疆文物考古研究所長の尽力で『新疆文物・ニヤ文物特集号』出版。

新疆の6世界文化遺産を再訪

- 2015年　● 雪克来提・扎克尓新疆ウイグル自治区主席と会見し自治区成立60周年祝賀5項目を提案。
  ◇民生改善活動「訪恵聚」（訳注：訪民情・恵民生・聚民心＝民情を知り、民生に恵みを与え、民心に寄りそう。三民とも略）に呼応し、関係部門の活動に資金援助。
  ◇新疆大学の奨学金を5年延長、増額。
  ◇アジアドキュメンタリーセンターと新疆（キジル・氷河など）紹介番組を制作。
  ◇シルクロード新疆の6世界文化遺産の写真集出版。
  ◇新疆の6世界文化遺産・世界自然遺産「天山」・ニヤ・ダンダンウイリク・楼蘭の絵葉書セット出版。写真集（10,000冊）と絵葉書（5,000セット）はすべて新疆文物局へ贈呈。5項目計200万人民元。

雪克来提・扎克尓新疆ウイグル自治区主席に自治区成立60周年祝賀項目を説明、雪克来提主席は小島氏の30年来の貢献を高く讃えた

本書の原本は新疆ウイグル自治区成立60周年祝賀の一環で2015年9月に出版された。
原本出版前後の8月〜10月実施の祝賀項目と関連活動は以下のようである。

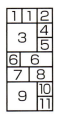
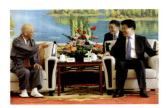

1. 張春賢中共中央政治局委員兼自治区党委員会書記と会見、張書記が小島氏は中日友好・文化・教育面などで重要貢献をなし新疆各族と深い友情を結んだと高く評価した。会見には白志傑党常務委員・任華文化庁書記・塔西甫拉提・特依拝新疆大学学長らが同席した

2. 新疆大学小島奨学金5年延長・増額調印、艾尓肯・吐尼亜斯新疆政府副主席も列席

3. 新疆文化庁・新疆文物局の「訪恵聚」活動に協力し農業用井戸掘削

4. TV番組「天山を往く〜氷河の恵み シルクロード物語〜」制作開始（本年2月BSフジで放送された）

5. 自治区党委員会弁公庁・新疆档案局の「訪恵聚」活動に協力し、農業用井戸掘削

6. 新疆日報社の「訪恵聚」活動に協力し、街路灯16基設置と幼稚園修繕

7. 『新疆世界文化遺産図鑑』（中文）と「絵葉書セット」贈呈式

8. 新疆政府外事弁公室の「訪恵聚」活動に協力し、小中学5校修繕（PC画面）

9. ニヤ遺跡変化状況撮影

10. ニヤ遺跡保護強化用に小型沙漠車POLARIS贈呈

11. 新疆ウイグル自治区成立60周年成就展参観、日中調査隊発掘の「五星出東方利中国」錦（複製）も展示された

心より感謝－日本語版出版にあたって

小島康誉

　合掌　本書は昨年 9 月、私と王衛東新疆文物局局長が主編を担当し楊新才氏の実質編集により、新疆ウイグル自治区成立 60 周年祝賀の一環として新疆美術撮影出版社から出版した『新疆・世界文化遺産図鑑』の日本語版です。迫力ある写真は大好評で、日本語版を出して欲しいとの多数の要望に応えての出版です。協力尽力いただいた段躍中・王衛東・于文勝・楊新才・本田朋子各氏はじめ多くの方々に心から感謝いたします。

　キジル千仏洞など新疆の 6 遺跡が世界遺産に登録されたのは、一昨年の 6 月 22 日。議長が決定を宣言したその瞬間 16 時 50 分（日本時間）、妻と二人で「万歳！」と叫びました。長い年月が脳裏を走馬灯のように駆け巡りました。

　1986 年 5 月、キジル千仏洞初参観、「人類共通の文化遺産」と直感。修復保存へ寄付。87 年「日中友好キジル千仏洞修復保存協力会」（上村晃史会長）を設立し、募金に走り回り、88 年と 89 年に計 1 億円余を新疆政府へ贈呈。多くの方々のおかげです。キジルはよみがえりました。その後も参観団派遣や講演、職員用バス贈呈など協力してきました。

　28 年後の 2014 年、ついに世界遺産。感慨はひとしおです。ADC 文化通信が私のキジルとの出会いから世界遺産登録までの記録に、永野浩史・安藤佳香・白鳥正夫・段躍中・盛春寿・張国領各氏の玉稿をえて『登録記念・キジル千仏洞「世界遺産」おめでとうありがとう』（非売品 ·2014）を刊行。白鳥正夫著『シルクロードの現代日本人列伝』（三五館 ·2014）にも平山郁夫・前田耕作・加藤九祚各氏とともに取り上げられました。

　同年 9 月、ウルムチで盛春寿文物局局長（当時）へ『新疆の世界遺産写真集』出版を提案。「良い提案だが同時に世界遺産となった中国 22 遺跡の出版計画がある、待って」とのことでした。11 月、盛局長の配慮で、キジル千仏洞など 6 世界遺産を再訪し慰労。12 月、北京大学カローシュティーシンポで発表後、中米独仏の教授らとニヤ遺跡へ。同遺跡からスタインと我々日中隊が大量のカローシュティー木簡を検出しているためです。遺跡管理員の給料を訊ねると、十分でなく、支援するためにも『写真集』や「絵葉書セット」を出版し無償贈呈し、博物館等での売上を管理人などへ回したらと考えました。

　2015 年、中国のトップ 25 人（中共中央政治局委員）のひとり張春賢新疆ウイグル自治区党委員会書記の年賀状に「文化遺産保護、民生支援に感謝」とあり、「自治区成立 60 周年祝賀として、写真集出版・TV 番組制作・民生支援などをしたい」と連絡しました。4 月、雪克来提·扎克尔主席（省長）と会見、祝賀 5 項目を提案、賛同を得て、具体化開始。9 月に本書の原本を出版しました。付録で中国側が小島精神を取り上げてくれました。

　今年は私がキジル千仏洞修復保存協力を開始して 30 周年にあたります。その年に本書が世に出る幸せを噛み締めています。2018 年は日中共同ニヤ遺跡学術調査を開始して 30 周年。その頃にニヤ遺跡も世界遺産に登録されればと期待しています。新疆の皆さんと共同で、今後も国際貢献に老残微力を捧げます。

　新疆の皆さん、ありがとう！　更なるご多幸を念じつつ。　三拝　2016 年 1 月 指宿にて

2013年6月登録
世界自然遺産――天山
新疆ウイグル自治区住宅都市農村建設庁申請弁公室提供

【主編】

小島康誉（こじま やすたか）

　1942年3月名古屋生まれ。佛教大学卒業。浄土宗僧侶。1966年、宝石の鶴亀（現 As-me エステール）を創業し、上場後、1996年創業30周年を機に社長退任。1982年以来、新疆訪問は140回以上を数え、経済、文化、文化財、教育、貧困改善、档案など多方面で100以上の国際協力活動を実践。
　株式会社ツルカメコーポレーション社長、佛教大学客員教授を歴任し、現在は佛教大学内ニヤ遺跡学術研究機構代表、日中共同ニヤ遺跡・ダンダンウイリク遺跡学術調査日本側隊長、新疆ウイグル自治区政府文化顧問、ウルムチ市名誉市民、新疆大学名誉教授、中国歴史文化遺産保護網理事長などを務めている。

王衛東（わん うぇいとん）

　1963年5月河南省鄭州市生まれ。漢族。1979年11月就職。1982年9月中国共産党入党。大学卒業、2級カメラマン、文博副研究館員。長年にわたり文化遺産の保護、管理、広報に従事。
　新疆クチャ県共産党委員会宣伝部、新疆亀茲石窟研究所、新疆文物考古研究所、新疆ウイグル自治区文化庁に勤め、現在は新疆ウイグル自治区文化庁党組成員、新疆ウイグル自治区文物局局長。

【副主編・委員】

段躍中　于文勝　劉国瑞　李学亮　郭夢源　楊新才　李明　甘偉　焦健　馬剣威

【撮影】

盛春寿　王衛東　小島康誉　劉国瑞　李学亮　楊新才　張玉忠　于志勇　劉玉生　祁小山　李佳圓　北野博之　浅岡俊夫　孫躍新　堀尾寶　趙新利　甘偉　新疆ウイグル自治区政府外事弁公室　新疆ウイグル自治区文物局　佛教大学内ニヤ遺跡学術研究機構　新疆撮影家協会　新疆大学

【翻訳】

本田朋子（ほんだ ともこ）

　共立女子大学国際文化学部国際文化学科中国文化コース卒業。中国深圳外国語学校日本語科勤務。帰国後、翻訳に携わる。日中翻訳学院・武吉塾修了生。第2回翻訳新人賞受賞。訳書に『新疆物語』（日本僑報社）、『大国の責任とは　中国平和発展への道のり』（日本僑報社）など。

新疆世界文化遺産図鑑

2016年4月28日　初版第1刷発行
主　編　　小島康誉
　　　　　王衛東
翻　訳　　本田朋子
発行者　　段景子
発売所　　株式会社 日本僑報社
　　　　　〒171-0021 東京都豊島区西池袋3-17-15
　　　　　TEL03-5956-2808　FAX03-5956-2809
　　　　　info@duan.jp
　　　　　http://jp.duan.jp
　　　　　中国研究書店 http://duan.jp

2016 Printed in Japan.　ISBN 978-4-86185-209-1　C0036
Xinjiang world's cultural heritage illustrated book © Yasutaka Kojima 2015
Japanese copyright © The Duan Press
All rights reserved original Chinese edition published by Xinjiang Fine Art & Photography Publishing House
Japanese translation rights arranged with Xinjiang Fine Art & Photography Publishing House

日本僑報社 好評既刊書籍

大きな愛に境界はない
―小島精神と新疆30年

韓子勇 編
趙新利 訳

小島氏の精神をより多くの人に知ってもらい平和に役立てたいと中国で出版され、日本語に訳された。

A5判 180頁 並製　定価1200円+税
2013年刊　ISBN 978-4-86185-148-3

新疆物語
～絵本でめぐるシルクロード～

王麒誠 著
本田朋子（日中翻訳学院）訳

異国情緒あふれるシルクロードの世界、日本ではあまり知られていない新疆の魅力がぎっしり詰まった中国のベストセラーを全ページカラー印刷で初翻訳。

A5判 182頁並製　定価980円+税
2015年刊　ISBN 978-4-86185-179-7

なんでそうなるの？
―中国の若者は日本のここが理解できない

段躍中 編

第11回中国人の日本語作文コンクール上位入賞作を一挙掲載した本書には、一般の日本人にはあまり知られない中国の若者たちの等身大の姿や、ユニークな「生の声」がうかがい知れる力作がそろっている。

A5判 272頁 並製　定価2000円+税
2015年刊　ISBN 978-4-86185-208-4

必読！今、中国が面白い Vol.9
中国が解る60編

而立会 訳
三潴正道 監訳

『人民日報』掲載記事から多角的かつ客観的に「中国の今」を紹介する人気シリーズ第9弾！　多数のメディアに取り上げられ、毎年注目を集めている人気シリーズ

A5判 338頁 並製　定価2600円+税
2015年刊　ISBN 978-4-86185-187-2

アメリカの名門CarletonCollege発、全米で人気を博した
悩まない心をつくる人生講義
―タオイズムの教えを現代に活かす―

チーグアン・ジャオ 著
町田晶（日中翻訳学院）訳

2500年前に老子が説いた教えにしたがい、肩の力を抜いて自然に生きる。難解な老子の哲学を分かりやすく解説し米国の名門カールトンカレッジで好評を博した名講義が書籍化！

四六判 247頁 並製　定価1900円+税
2016年刊　ISBN 978-4-86185-215-2

春草
～道なき道を歩み続ける中国女性の半生記～

裘山山 著、于暁飛 監修
徳田好美・隅田和行 訳

中国の女性作家・裘山山氏のベストセラー小説で、中国でテレビドラマ化され大反響を呼んだ『春草』の日本語版。中国版「おしん」と話題に。

四六判 448頁 並製　定価2300円+税
2015年刊　ISBN 978-4-86185-181-0

同じ漢字で意味が違う
日本語と中国語の落し穴
用例で身につく「日中同字異義語100」

久佐賀義光 著
王達 中国語監修

"同字異義語"を楽しく解説した人気コラムが書籍化：中国語学習者だけでなく一般の方にも。漢字への理解が深まり話題も豊富に。

四六判 252頁 並製　定価1900円+税
2015年刊　ISBN 978-4-86185-177-3

日中中日翻訳必携　実戦編Ⅱ

武吉次朗 著

日中翻訳学院「武吉塾」の授業内容を凝縮した「実戦編」第二弾！
脱・翻訳調を目指す訳文のコツ、ワンランク上の訳文に仕上げるコツを全36回の課題と訳例・講評で学ぶ。

四六判 192頁 並製　定価1800円+税
2016年刊　ISBN 978-4-86185-211-4